꿈을 꾸고
바라고
붙잡는

김승호의
100번 노트

저자 김승호는

연 매출 1조 원을 바라보는 미국 SNOWFOX GROUP의 회장이다. 한국과 전 세계를
오가며 각종 강연과 수업을 통해 '시장'을 가르치는 '사장'으로 알려져 있다. 지난 2019년,
SNOWFOX 사는 전 세계 11개국에 3,878개의 매장과 10,000여 명의 직원을 지닌 글
로벌 기업으로 자리매김했으며 연 매출 1조 원의 목표를 이루고 미국 나스닥 상장을 앞두
고 있다. 외식 기업 이외에도 출판사와 화훼·유통업과 금융업, 부동산업의 회사를 소유하
고 있고, 글로벌 외식 그룹의 대주주로서 한국과 미국을 오가며 활동하고 있다. 미국 중견
기업인 협회 회장과 중앙대학교 글로벌 경영자 과정 교수로 활동한 적이 있으며 지난 5년
동안 3,000여 명의 사업가 제자들을 양성했고 현재 농장 경영자로도 일하고 있다.

　페이스북 @snowfoxjinkim
　인스타그램 @snowfoxkim

100번 노트는

김승호 저자는 20살에 처음 100번 노트를 직접 고안해 작성했다. 그 일로 세상에서 가장 아름
다운 아내를 얻는 데 성공한다. 후에 아내의 성씨인 백 씨는 '스노우폭스'라는 이름으로 재탄생
됐다. 그 이후 그는 무엇이든 간절하게 원하는 일이 있을 때마다 그 소망을 100일 동안 100번
을 쓰기 시작했고 그 과정에서 그 꿈이 정말 간절하고 자신이 원하는 꿈인가를 가늠하는 도우
로 사용하기에 이른다.
후에 한국을 오가며 그가 사용한 이 방법이 강연과 책을 통해 알려져 수천 명이 따라 하기에
이르렀다. 실제 100일 동안 100번의 간절한 꿈을 적고 그리는 과정에서 많은 이에게 그 꿈이
놀라운 방식으로 실현되는 또 다른 결과들이 나타나기 시작했다.

100번 노트 사용법

　0일 차 이전　간절한 꿈 원하기
　1일 아 이후　그 꿈을 100번 적고 100일 동안 지속하기
　보너스　쓰는 과정에서 마음이 동하지 않거나 실제 자신이 원하지 않는 꿈은 중도에 저절로
　　　　　쓰는 게 중단됨.

성공하는 법은
산을 오르는 것과 같다
정상까지 오르겠다 마음을 먹고
... 막히면 새길을 찾고
... 포기하지 않고 꾸준히 걷는 분이다

목표를 세우고, 실패하면 다시 도전하며
포기하지 않는 그것 뿐이다
그 외에 무슨 비결은 구전까지~

김승호
... 회장

Day

a notebook written 100 times a day

a notebook written 100 times a day

Day

10

20

a notebook written 100 times a day

Day

a notebook written 100 times a day

a notebook written 100 times a day

10

20

Day

30

40

50

10

20

Day

10

20

10

20

Day

10

20

10

20

Day

10

20

a notebook written 100 times a day

80

90

100

10

20

60

70

a notebook written 100 times a day

10

20

a notebook written 100 times a day

70

10

20

a notebook written 100 times a day

10

20

60

70

10

20

30

40

50

10

20

Day

a notebook written 100 times a day

10

20

60

70

Day _____

Day _____

10

20

Day

10

20

10

20

10

20

60

70

Day _____

10

20

10

20

10

20

10

20

a notebook written 100 times a day

10

20

10

20

10

20

30

40

50

10

20

10

20

30

40

50

Day

10

20

꿈을 찾고 비라고 붙잡는
김승호의 100번 노트

초판 1쇄 발행 2020년 6월 15일
1판 5쇄 발행 2024년 1월 4일

펴낸곳   스노우폭스북스

지은이   김승호
편집인   서진

마케팅   김정현
디자인   강희연

주소   경기도 파주시 회동길 527, 스노우폭스북 스빌딩 3층
대표번호   031-927-9965
팩스   070-7589-0721
전자우편   edit@sfbooks.co.kr
출판신고   2015년 8월 7일 제406-2015-000159

ISBN   979-11-88331-90-1 (03190)
값   13,000원